Das hintergründige Supermarkt-Einkaufs-Quiz

Supermarkt !!! Konserven ??? Haltbarkeit
Calcium !!! Eier ??? Brennwert !!! Fettsäuren
Mogelpackung ??? Spürnasen !!! Gewürze
Sonderangebot ??? Vollkorn !!! MHD ??? Öl
Einkaufswagen !!! Cholesterin ??? Fisch
Einkaufsliste !!! Schimmel ??? Fruchtnektar
Grundpreis ??? ungesättigt !!! Milch !!! Salz
Zutatenverzeichnis !!! Konservierungsstoffe
Hygiene !!! Lebensmittel ??? Eiweiß !!! Geld
Kaufentscheidung !!! abgepackt ??? günstig
Zucker ??? Bio-Siegel !!! Discounter !!! Fett
Täuschung !!! Hauptnährstoffe ??? Wasser
Beschwerdeprobe ??? 5 am Tag !!! Kuchen
Light-Produkte ??? Fleisch !!! Ballaststoffe
Verbrauchsdatum !!! Bio ??? Temperatur
Bauchweh ??? Mineralstoffe !!! Bakterien
Werbung !!! Quiz ??? Käse !!! Ernährung
Intoleranz ??? No-Name-Produkte !!! Nüsse
Vitamine !!! frisch ??? Kalorien !!! Laktose
Qualitätskontrolle !!! natürlich ??? Wurst
Koch-Shows ??? verdorben !!! Glutamat
Müll !!! Payback-Karte ??? Mineralwasser
ökologisch ??? Aroma !!! Preis ??? Brot

Michael Lüpke

Das hintergründige Supermarkt-Einkaufs-Quiz

Kleines Lebensmittel-Diplom für Aufgeklärte

Bibliografische Information der Deutschen Nationalbibliothek:

Die Deutsche Nationalbibliothek verzeichnet diese Publikation in der Deutschen Nationalbibliografie; detaillierte bibliografische Daten sind im Internet über www.dnb.de abrufbar.

Die Informationen in diesem Buch sind vom Autor sorgfältig recherchiert, auf Aktualität geprüft und aufbereitet worden. Dennoch können weder Autor noch Verlag eine Gewähr für die Richtigkeit oder Vollständigkeit der gemachten Angaben geben. Im Buch gemachte Aussagen zu gesundheitlichen Aspekten ersetzen keinesfalls eine Beratung durch medizinisches Fachpersonal.

2., erweiterte und illustrierte Auflage

© Copyright 2018 Dr. Michael Lüpke • www-dr-luepke.de

Bildnachweis: Cover-Foto: © Eisenhans / Fotolia

Herstellung und Verlag: BoD – Books on Demand, Norderstedt

Alle Rechte vorbehalten.

ISBN 978-3-7460-5730-9

INHALT

ausgesucht

frei von

kontrolliert

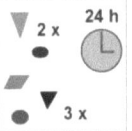

2 x

24 h

3 x

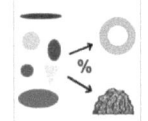

%

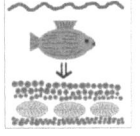

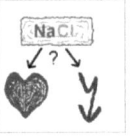

NaCl

?

haltbar bis:
2037

M$_A$D ?

A $\longmapsto$ H

MHD !

Zutat

a
b c
d
e
f
g

€

? Kauf !

+

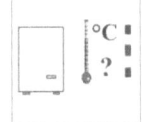

°C

?

Hintergründiges vorab

Lebensmittel – wohl die einzig wirklich wichtigen „Mittel zum Leben"! Jeder greift auf sie zurück, tagtäglich, ein Leben lang. Alle tun dies, mindestens als Konsument; als Verbraucher (im eigentlichen Sinne) zudem als aktiv am Marktgeschehen Teilnehmender, sprich als Käufer. Mehrere Zehntausend verschiedene Lebensmittel werden bei uns insgesamt angeboten. Ein gut sortierter Supermarkt alleine führt schon mehrere Tausend Artikel. Seit Jahrzehnten schon ist der Supermarkt für die meisten Verbraucher mit Abstand die beliebteste Einkaufsstätte für Lebensmittel. Im Begriff Supermarkt seien hier (was wirtschaftsfachlich nicht ganz korrekt ist) auch immer die Discounter miteingeschlossen.

Einmal hin, alles drin. So bringt es der bekannte Slogan einer Supermarktkette auf den Punkt. Das Einkaufen in diversen spezialisierten Läden – Metzgerei, Bäckerei, Getränkehandel etc. – ist den meisten zu aufwändig; von der Zeit her, aber auch vom organisatorischen Aufwand her. Und auch der Einkauf auf dem Wochenmarkt oder gar beim Erzeuger vor Ort hat für die Verbraucher eher eine Randbedeutung. „Tante-Emma-Läden" schließlich sind schon lange nur noch Historie.

Die Deutschen geben im europäischen Vergleich mit am wenigsten Geld für Lebensmittel aus. Das passt ins Bild, ohne dies werten zu wollen! Auch wenn der Wunsch nach Bequemlichkeit und Effizienz beim Einkaufen verständlich ist, bleibt die Frage offen, inwieweit der Supermarkt das Bedürfnis nach Qualität zufrieden stellen kann, das der Verbraucher doch wohl unzweifelhaft auch haben sollte. Oder etwa nicht? Nicht so sehr? – Oder ist die Frage nach der Qualität heutzutage nur noch von nachrangiger Bedeutung, weil sowieso weitestgehend erfüllt? Wenn man den Werbebotschaften von Industrie, Gewerbe und Handel Glauben schenken möchte, ist genau dies der Fall!

Doch jeder aufgeklärte Verbraucher sollte wissen, dass der, der etwas verkaufen will, nicht unbedingt zur Wahrheit neigt. Und dies gilt mit Sicherheit gerade für den Bereich der Lebensmittel. Täuschung und Übervorteilung sind hier ja nach allgemeinem – leider aber auch nach politischem und somit juristischem – Verständnis eher als geringfügig und belanglos einzustufen. Zu gering sind die (monetären) Beträge, um die es hier geht. Die Rechtsprechung ist, wenn es denn überhaupt einmal zu Verfahren kommt, gegenüber den „Tätern" ausgesprochen milde, um nicht zu sagen wirtschaftsfreundlich (sprich verbraucherfern). Die Bußgeldkataloge für Vergehen im Bereich von Herstellung und Handel von Lebensmitteln sind in ihren Beträgen geradezu lächerlich niedrig und haben somit kaum bis keine abschreckende Wirkung.

Doch wie kann nun der Verbraucher zu einem halbwegs verlässlichen Urteil über die Qualität der von ihm konsumierten Lebensmittel gelangen? Die Antwort ist im Grunde einfach – deren Umsetzung dagegen leider nicht.
Die Antwort lautet: Der Verbraucher muss sich selbst die Kompetenz aneignen, die Qualität von Lebensmitteln beurteilen zu können!

Bis vor wenigen Generationen war es in unseren Kultur- und Gesellschaftskreisen Tradition, erworbenes Wissen um Lebensmittel und Ernährung, und natürlich auch um die Zubereitung von Speisen, von Generation zu Generation weiterzureichen und zu pflegen. Begünstigt war diese Tradition selbstredend durch die in früheren Zeiten übliche klare Rollenverteilung innerhalb der Sozialverbände, hier vor allem eben der Familien. Dies ist heutzutage immer weniger der Fall. Single-Haushalte, Doppelverdiener-Paare, termingehetzte Tagesabläufe in Familien, und insbesondere das allgegenwärtige Gefühl, vorgeblich keine Zeit zu haben, dominieren heute das soziale „Mikro-Klima". Da scheint folgerichtig kaum noch Zeit und auch keine gedankliche

Kapazität mehr frei zu sein für offensichtlich so profane und selbstverständliche Dinge wie die Nahrungszufuhr.

Genau diesen Trend in der Veränderung der Sozialstrukturen bedient die Lebensmittelwirtschaft mit ihrem schier unendlich ausgeweiteten Angebot an mehr oder weniger küchenfertig zubereiteten Produkten. Raus aus der Verpackung und rein in Ofen, Mikrowelle oder Topf, und fertig ist das Essen in wenigen Minuten. Schnell muss es gehen, einfach und bequem soll es sein. Wenn es dann noch schmeckt, ist es voll okay. Und wenn es zudem noch preiswert war, ist es nahezu perfekt!

Selbst ein nur flüchtiger Blick auf die Informationen zum Produkt, welche der Hersteller, teils von Gesetzes wegen, teils freiwillig, auf die Verpackung gedruckt hat, fällt vielen Verbrauchern schwer oder wird gar als Zumutung empfunden. Das sei doch alles Fachsimpelei, zu unverständlich, zu komplex, hört man allzu häufig als Kritik von Verbrauchern. Auch hierin zeigt sich die totale Entfremdung des heutigen „Normal-Konsumenten" von den Lebensmitteln, die doch sprichwörtlich von Natur aus leicht zugängliche Produkte sein sollten. Der Verbraucher verstrickt sich in Widersprüche, wenn er auf der einen Seite bestens Bescheid weiß über Autos, Multimedia-Geräte, Pop-Musik und Kosmetika – und auf der anderen Seite sich nicht in der Lage sieht, ein Zutatenverzeichnis auf einer Lebensmittelverpackung auch nur im Ansatz zu verstehen und deuten zu können; oder er angeblich kapitulieren muss vor der Aufgabe, einen Eintopf aus frischen Zutaten selbst zu kochen oder einen Kuchen selbst zu backen.

Da hilft nur eines: Beschäftigung mit der Thematik! Und das muss ständig, immer und immer wieder, und über Jahre getan, ja regelrecht trainiert werden. Nehmen Sie (nicht im Supermarkt, sondern in Ruhe zu Hause) ab und zu doch einmal eine Verpackung in die Hand, und lesen Sie die Informationen darauf. Sie werden erstaunt sein, was Sie im Laufe der Zeit da alles erfahren. Und bereiten Sie eben doch, zumindest hin und wieder, Essen selbst zu, also aus den einzelnen Zutaten. Betrachten Sie es vielleicht als „sportliche" Herausforderung. Sie werden erstaunt sein, wie viel Lob und Anerkennung man damit bei anderen erlangen kann. Schlagen Sie auch ruhig einmal ein Kochbuch auf (und lesen Sie es, wenigstens ansatzweise!); verwenden Sie Rezepte aus Illustrierten oder sonst woher. Lassen Sie sich nicht ewig von TV-Kochshows berieseln, das ist schlicht zu passiv. Sie selbst müssen aktiv werden!

Und vielleicht studieren Sie hin und wieder sogar einmal ein Buch (oh Schreck!?) zum Thema Ernährung, oder über Lebensmittel, als Überblick oder für spezielle. Sie haben ja erfreulicherweise gerade im Moment ein solches Buch zur Hand (vielen Dank dafür!) – auch wenn dieses Büchlein hier eher ein Spaß sein soll und Ihnen im besten Fall einige Erkenntnisse und Anregungen geben kann.

Aus letzterem Gedanken heraus habe ich mich bemüht, das folgende kleine Quiz nicht als reines Frage-Antwort-Spiel aufzuziehen. Ich habe stattdessen (fast) alle Fragen mit einem informativen – und hoffentlich häufig genug auch hintergründigen – Text um die jeweilige Thematik herum versehen. Das soll Sie nicht nur unterhalten, sondern auch Denkanstöße für tiefergehende Bemühungen geben.
Mit den (etwas ironisch abgefassten) „Frage-Überschriften" möchte ich Ihnen in der Regel einen kleinen Hinweis auf die richtige(n) Antwort(en) geben. Bei den Antworten schließlich möchte auch ich die Bequemlichkeit walten lassen: alle Antworten können bequem, einfach und schnell, schlicht im beliebten Multiple-Choice-Verfahren, ausgewählt werden.

Doch nun genug der Vorrede. Ich wünsche Ihnen viel Vergnügen beim Quiz – aber auch manches an Erkenntnis!

Dr. Michael Lüpke
Gerlingen bei Stuttgart, im Dezember 2014 für die 1. Auflage sowie Februar 2018 für die 2. Auflage

Los geht's

Einkaufswagen

Frage 01

Sie sind gerade am Supermarkt angekommen. Als erstes nehmen Sie sich einen Einkaufswagen.
Worüber müssen Sie sich hier im Klaren sein?

A) Ich darf nicht vergessen, den Einkaufswagen hierhin zurückzustellen.

B) Der Einkaufswagen ist keine Ablage für meine Handtasche.

C) Der Griff des Einkaufswagens ist hygienisch nicht sauber.

Laufrichtung

Frage 02

In den meisten Supermärkten gelangen Sie auf der rechten Seite in den Markt hinein und werden dann gegen den Uhrzeigersinn durch diesen hindurchgeführt.
Wie verhalten Sie sich?

A) Ich laufe genau gegen den Uhrzeigersinn durch den Markt. Nur so entgeht mir garantiert kein Sonderangebot.

B) Ich frage das Personal des Supermarkts nach dem rechten Weg.

C) Ich laufe die Regale so ab, dass ich möglichst schnell das habe, was ich kaufen wollte.

Qualitätskontrolle

Frage 03

Als erstes kommen Sie an die Stände für frisches Obst und Gemüse. Sie beobachten eine Kundin, wie diese eine Tomate nach der anderen aus der Auslage nimmt, an ihr (offensichtlich) herumdrückt, und sie jeweils sogar an die Nase hält. Wirklich nehmen tut sie dann aber etwa nur jede zweite. Was machen Sie?

A) Ich denke: Donnerwetter, die Frau hat Ahnung, ist bestimmt vom Fach. Ich mache das gleich auch so!

B) Ich weise die Dame höflich darauf hin, dass man das ja wohl so nicht machen sollte. Oder wenn doch, dann gefälligst die bedrückte und beschnüffelte Ware auch nehmen muss.

C) Ich denke: Na, die Tomaten hier im Markt sind heute auch mal wieder nichts. Die Frau da hat auch die Hälfte wieder zurückgelegt. – Dann nehme ich heute halt was anderes...

Schweres Wasser

Frage 04

Im Zusammenhang mit den Tomaten fällt Ihnen ein, dass diese zu sage und schreibe über 90 Prozent eh nur aus Wasser bestehen. Wasser, an dem Sie dann schwer zu tragen haben. Was könnte Ihnen dabei noch durch den Kopf gehen?

A) Einen hohen Wassergehalt haben ja doch viele Gemüse; und natürlich auch frisches Obst. Ich habe echt keine Lust mehr, mich damit immer abzuschleppen.

B) Klar, es ist sehr viel Wasser drin. Aber das Übrige, auch wenn es vielleicht wirklich nur 10 Prozent sind, das hat es in sich!

C) Ja, ja, das mit den Vitaminen und Mineralstoffen ist mir schon klar. Ich nehme nachher, bei den Nahrungsergänzungsmitteln, ein paar Präparate mit. Das ist gesund!

Bio klingt gut

Frage 05

Nach dem Erlebnis von eben gerade entschließen Sie sich, heute mal keine losen Tomaten zu nehmen, sondern *verpackte*. Sie tun Ihrer Seele etwas Gutes und nehmen eine Packung der Bio-Tomaten (aber der Preis tut schon weh...). Was können Sie prinzipiell erwarten, zeichnet „Bio"-Gemüse (bzw. auch -Obst) gegenüber konventionell erzeugter Ware aus?

A) Bio-Gemüse und -Obst hat nicht so einen hohen Wassergehalt.

B) Die Bio-Ware schmeckt einfach besser.

C) Bio-Ware enthält weniger Rückstände von Pestiziden.

D) Die Erzeugung von Bio-Ware ist ökologischer.

Bio = Öko = ?

Frage 06

Welche Aussagen an der Ware kennzeichnen eine *ökologische* Erzeugung?

A) Ausgesuchte, gesunde Qualität

B) Frei von Rückständen

C) Aus kontrolliertem Anbau

D) Bio...

Keine Verbandsmeierei

Frage 07

Zur einheitlichen und eingängigen Kenntlichmachung von Bio-Ware gibt es seit nunmehr auch schon über 10 Jahren das – Ihnen gewiss bekannte – *Bio-Siegel*. Seit noch längerer Zeit existieren die Siegel von manchen Anbauverbänden des ökologischen Landbaus. Deren Anforderungen an die Erzeugung von Bio-Lebensmitteln sind in der Regel noch strenger als die für das allgemeine *Bio-Siegel*. Welche 3 der folgenden Bezeichnungen stehen nicht(!) für einen Bio-Anbauverband?

A) Bioland

B) Naturland

C) Ökoland

D) Ökobau

E) Grüngut

F) Demeter

5 am Tag

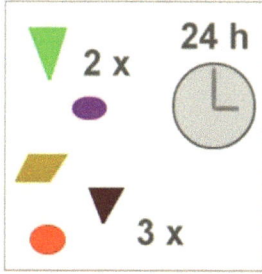

Frage 08

Im Zusammenhang mit gesunder Ernährung gibt es bereits seit einigen Jahren die Kampagne „5 am Tag".
Was soll dieser Ausspruch bezwecken?

A) Man soll am Tag (genau) 5 Mahlzeiten einnehmen.

B) Maximal 5 Süßigkeiten pro Tag für Kinder bis 12 Jahren.

C) Pro Tag sollte jeder 5 Portionen Obst und/oder Gemüse essen.

D) Nicht mehr als 5 Fl. Bier, wenn Sie noch Auto fahren müssen.

Angenehmer Ballast

Frage 09

Immer noch gedanklich mit Gemüse beschäftigt, fällt Ihnen Ihr Hausarzt ein, der Ihnen erst neulich wieder ins Gewissen geredet hat, mehr Ballaststoffe zu sich zu nehmen, wegen der dann geregelteren Verdauung. Ja, und da wäre halt Gemüse gerade recht, gab er als Tipp. Wo könnten denn auch noch Ballaststoffe in nennenswerter Menge drin sein? Etwa in...

A) Schokolade

B) Vollkornbrot

C) Käse

D) Leberwurst

E) Linsen

F) Kohl

Brennwert

Frage 10

Aber ich habe doch vor allem einmal Hunger! Also interessiert mich – außer dass es mir eben schmeckt – zuallererst die Energie, die drin steckt, also die Kalorien.
Von den Hauptnährstoffen liefert die meiste Energie?

A) Eiweiß

B) Zucker

C) Kohlenhydrate

D) Fett

Kalorienbomben

Frage 11

Der Energiegehalt der Lebensmittel *wird* auf verpackter Ware in der Regel *angegeben*. Eine gängige Bezugsgröße sind dabei 100 g des Lebensmittels. Bezogen auf 100 g, bei welchem Kaloriengehalt etwa beginnt man, von einem energiereichen(!) Lebensmittel zu sprechen?

A) 100 kcal

B) 150 kcal

C) 200 kcal

D) 300 kcal

E) 400 kcal

F) 500 kcal

Wie viel ist gerade richtig?

Frage 12

Der Energiebedarf ist individuell sehr unterschiedlich, je nach körperlicher Konstitution, Geschlecht und Alter, vor allem aber je nach körperlicher Aktivität.
Jedoch kann man einen Bereich an Energie ausmachen, der für einen erwachsenen Menschen bei gewöhnlicher körperlicher Anstrengung („Büroarbeit") pro Tag im Allgemeinen *bedarfsdeckend* ist.
Was schätzen Sie, wie hoch etwa ist dieser Energiebedarf?

A) 1000-1500 kcal

B) 1500-2000 kcal

C) 2000-2500 kcal

D) 2500-3000 kcal

E) 3000-3500 kcal

F) 3500-4000 kcal

Böser, böser Zucker!

Frage 13

Von wegen Energie. In jüngster Zeit wird immer wieder
Zucker als ein ernährungsmäßiger „Sündenfall" hingestellt.
So werden zum Beispiel Getränke wie Cola geradezu ver-
teufelt, eben weil sie ausgesprochene „Zucker-Bomben"
seien.
Ein Apfelsaft (ohne jegliche Zusätze) hat typischerweise um
die 10 Prozent Zuckeranteil. Was schätzen Sie, welchen
Zuckeranteil hat ein Cola-Getränk?

A) mindestens 30 %

B) zwischen 20 und 30 %

C) 10 % oder etwas darüber

Zucker unter der Tarnkappe

Frage 14

Bei vielen Lebensmitteln ist hinlänglich wohl jedem bekannt, dass sie viel Zucker enthalten, weil sie insbesondere
gerade deswegen allseits beliebt sind. Beispiele sind Schokolade, Konfitüre und Kuchen. Problematischer sind
Lebensmittel, die sich durch einen hohen Gehalt an „ver-
stecktem" Zucker auszeichnen. Was meinen Sie, wie viel
Zucker enthält beispielsweise Tomatenketchup?

A) 5 %

B) 10 %

C) 15 %

D) 20 %

E) 25 %

Natur gegen Chemie

Frage 15

Ein beliebter Tipp lautet, Zucker durch Honig zu ersetzen.
Könnte das aber nicht auch Nachteile haben?

A) Ob Zucker oder Honig, das ist reine Geschmackssache.

B) Honig hat einen wesentlich höheren Preis als Zucker.

C) Honig hat einen deutlichen Eigengeschmack.

D) Honig ist tendenziell eher geeignet, Karies auszulösen.

Leicht und locker

Frage 16

Sie kennen ja bestimmt auch diese sogenannten *Light*-
Produkte. Wodurch sind diese gegenüber vergleichbaren
„Normal"-Produkten ausgezeichnet?

A) Sie sind im Preis deutlich reduziert.

B) Sie haben einen deutlich reduzierten Kalorien-Gehalt.

C) Sie sind besonders leicht verdaulich.

Im Treibhaus gibt es keinen Winter

Frage 17

Obst und Gemüse haben vom Angebot her auch heute noch zumeist eine ausgeprägte Saisonalität, eben je nach Anbau- und Reifezeit. Was würden Sie – als Frischware – zu welcher Jahreszeit am wenigsten kaufen können?

A) Apfelsinen zu Ostern

B) Kartoffeln im März

C) Himbeeren zu Weihnachten

D) Spargel im Herbst

E) Weintrauben zu Pfingsten

F) Paprika im Januar

Äpfel aus Übersee

Frage 18

Ein anderer Aspekt, der von manchem Verbraucher hoch geschätzt wird, ist die Regionalität von Obst und Gemüse. Was denken Sie, hat Obst und Gemüse aus der Region bei Ihnen vor Ort für Vorteile (nicht nur für Sie selbst)?

A) Es schmeckt besser.

B) Es ist preiswerter.

C) Es ist frischer.

D) Die Transportkosten sind günstiger.

E) Umweltressourcen werden geschont.

F) Die Landwirtschaft vor Ort wird unterstützt.

Katalysatoren

Frage 19

Obst und Gemüse sind ja allseits bekannt für einen hohen und vielfältigen Gehalt an Vitaminen und Mineralstoffen. Aber auch eine ganze Reihe weiterer Lebensmittelgruppen versorgt uns gut mit diesen wichtigen Nährstoffen. Allerdings keine Gruppe perfekt, sondern jede in einer spezifischen Kombination von Stoffen.
Wo werden Sie kaum bis keine Vitalstoffe finden?

A) Vollkornnudeln

B) Knäckebrot

C) Weißwein

D) Fleisch

E) Kohl

F) Kaugummi

G) Speiseöle

Wo ist der Schatz?

Frage 20

Am Gemüsestand nehmen Sie noch zwei Salatgurken mit. Daraus machen Sie immer einen leckeren, erfrischenden und nahrhaften Salat. Der ist zudem flott zubereitet; nur das Schälen der Gurken dauert immer eine Weile und ist auch

lästig.
Was fällt Ihnen zum Schälen der Gurken noch ein?

A) Der Salat hat dann leider nicht so eine kräftige grüne Farbe.

B) Der Bio-Abfalleimer in der Küche wird so schnell voll.

C) Wirklich nahrhaft wäre der Salat nur mit der Gurkenschale.

Frisch aufgebacken

Frage 21

So, als nächstes kommt das Regal mit dem – abgepackten – Brot. Normalerweise nehmen Sie ja schon frisches Brot, und eben kein abgepacktes, weil

A) abgepacktes Brot konserviert ist, damit es sich lange hält.

B) der Kauf von frischem Brot das Bäckerhandwerk unterstützt.

C) frisches Brot schlicht und einfach besser schmeckt.

Das volle Korn

Frage 22

Sie nehmen ein Roggenvollkornbrot und ein Butter-Toastbrot, also ein Weißbrot.
Welcher Aussage würden Sie am ehesten zustimmen?

A) Vollkornbrot ist gesünder als Weißbrot.

B) Weißbrot ist besser verdaulich als Vollkornbrot.

C) Vollkornbrot ist preiswerter, weil schneller herzustellen.

Sonderangebot

Frage 23

Bei dem Butter-Toastbrot sind Sie einen Moment unschlüssig, welches Sie nehmen sollen: Es gibt die 500-g-Packung zu 89 Cent, aber auch ein Sonderangebot, in Sondergröße zu 750 g, für 1,39 Euro. Welche Lösung finden Sie?

A) Ich verweile einen Moment und rechne das mal durch...

B) Ich erkundige mich beim Personal, wo es Taschenrechner gibt.

C) Ich schaue am Regal nach dem jeweiligen Grundpreis.

In Wüsten rosten Autos nicht

Frage 24

Welches Brot ist am längsten haltbar?

A) Weißbrot

B) Knäckebrot

C) Graubrot

D) Schwarzbrot

Zu viel in die Tonne!!!

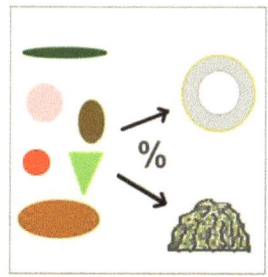

Frage 25

Brot gehört – neben frischem Gemüse und Obst – zu den Lebensmitteln, die am meisten weggeworfen werden. Aber auch andere empfindliche Erzeugnisse wie Fleisch und Wurstwaren, Fisch, Ei und Kuchen gehören dazu. Was schätzen Sie, welcher Anteil der gesamten Lebensmittelproduktion landet auf seinem Weg „vom Acker zum Verbraucher" letztlich auf dem Müll?

A) 10-20 %

B) 20-30 %

C) 30-40 %

Hohe Backkunst

Frage 26

Nebenan zum Brotregal entdecken Sie das Angebot an Mehl. Da müssen Sie unbedingt einen Packen mitnehmen, denn am Samstag ist bei Ihnen großer Backtag. Einen Sandkuchen wollen Sie backen und noch einen Wiener Tortenboden, aus dem dann ein leckerer Obstkuchen wird.
Was für ein Mehl nehmen Sie?

A) Roggenmehl

B) Weizenmehl

C) Maismehl

Tolle Typen

Frage 27

Auf den Mehlpackungen finden Sie eine ominöse Zahlenangabe, die als *Mehltype* bezeichnet wird.
Die *Mehltype* gibt an,

A) aus welcher geographischen Region das Getreide stammt.

B) wie hoch der Anteil des vollen Getreidekorns im Mehl ist.

C) wie lange ich den Kuchen backen muss.

D) wie gut verdaulich das Mehl ist.

Gut bestempelt

Frage 28

Mensch, wegen dem Kuchenbacken – da fällt Ihnen ein, dass Sie dazu unbedingt noch Eier mitnehmen müssen! Sie möchten prinzipiell nur Eier von glücklichen Hühnern essen, und nehmen deshalb eine Packung Freiland-Eier. Die Packungen von Hühnereiern sind ja glücklicherweise sehr informativ betextet. Und auch auf den Eiern selbst findet sich ein aufschlussreicher Zahlencode. Dieser Stempelaufdruck gibt was an?

A) Haltbarkeit

B) Legedatum

C) Gewichtsklasse

D) Haltungsform

E) Herkunft

F) Cholesterin-Gehalt

Früher verteufelt...

Frage 29

Eier und Cholesterin – ein seit Jahrzehnten heiß diskutiertes Thema. Auch wenn der Körper von sich aus Cholesterin produziert, es also natürlicherweise in uns drin ist, sollte man es mit der Nahrung nur in Maßen zu sich nehmen. Das verringert das Risiko von Herz-Kreislauferkrankungen.

Außer in Eiern findet sich besonders viel Cholesterin auch noch in?

A) Milch

B) Butter

C) Nüssen

D) Brot

E) Gemüse

Kuchen ist sooo süß

Frage 30

Auch wenn Sie am Wochenende Kuchen selbst backen wollen – es kann ja etwas schief gehen, und am Sonntag kommt auch noch Besuch. Also entschließen Sie sich, zur Sicherheit einen fertigen Kuchen mitzunehmen. Ja genau, einen abgepackten, industriell hergestellten Kuchen. Sie nehmen einen Marmorkuchen. Mit einem Blick auf die Zutatenliste stellen Sie fest, dass Zucker von allen Zutaten *am meisten* enthalten ist. Das ist bei selbstgebackenem Kuchen in der Regel wohl nicht der Fall.

Warum tun die Hersteller da so viel Zucker rein?

A) Damit der Kuchen besser schmeckt.

B) Damit der Kuchen preiswerter herzustellen ist.

C) Damit der Kuchen schneller zu backen ist.

D) Damit der Kuchen besser haltbar ist.

Macht Milch fett?

Frage 31

Das Thema Kuchen und Backen führt Sie direkt nebenan zu den Regalen mit Milch und Milchprodukten. Als erstes greifen Sie sich zwei Tüten Vollmilch, von der haltbaren. Sie

26

brauchen nicht auf die „schlanke Linie" zu achten, daher nehmen Sie die Milch mit dem vollen Fettgehalt.
Wie viel Prozent Fett enthält solche Milch?

A) 1,5 %

B) 3,5 %

C) 5,5 %

Der Stahl des Körpers

Frage 32

Milch und Milchprodukte – wie vor allem Käse, Joghurt und Quark – enthalten (unter anderem) einen bestimmten Mineralstoff, der für den Körper überaus wichtig ist und der in anderen Lebensmitteln kaum in solcher Menge vorkommt. Um welchen Mineralstoff handelt es sich?

A) Magnesium

B) Kalium

C) Eisen

D) Calcium

Wo ist denn das viele Fett?

Frage 33

Wenn Sie sich dennoch fettbewusst ernähren wollen, oder gar müssen, oder es Sie vielleicht nur so einmal interessiert:

27

Welche der folgenden Lebensmittel haben ordentlich viel (verstecktes!) Fett bzw. Öl, nämlich so um die 30 Prozent?

A) Margarine

B) Fleischsalat (Fertigsalat)

C) Kokosnuss

D) Kartoffelchips

Unverträglichkeiten

Frage 34

Sie nehmen noch einen 4er Pack Joghurt mit, Joghurt natur, also ohne Fruchtzusatz, und wieder (wie schon bei der Milch) mit dem vollen Fettgehalt. Erstaunt stellen Sie fest, dass mittlerweile eine ganze Reihe von Milchprodukten als *laktosefrei* angeboten wird. Ob etwa die Unverträglichkeit für Laktose in der Bevölkerung jüngst so stark zugenommen hat...?
Wenn Sie unter dieser Laktose-Intoleranz litten, welche der folgenden Milcherzeugnisse müssten Sie dann eher meiden?

A) Vollmilch

B) Quark (40 %)

C) Joghurt

D) Sahne

E) Käse

F) Butter

Fett i. Tr.

Frage 35

Wo Milchprodukte sind, da findet sich garantiert auch Käse. – Genau, gleich im Nachbarregal, zu dem Sie jetzt hingehen.

Käse von der Frischtheke wäre schon besser, denken Sie, halt wegen dem Geschmack, und überhaupt der Qualität insgesamt. Na, egal, heute muss es flott gehen. Also abgepackten Käse aus der Truhe. Sie nehmen einen Emmentaler sowie einen Camembert. Was bedeutet eigentlich diese Angabe *Fett i. Tr.*, also ausgeschrieben Fett in Trockenmasse?

A) Anteil Fett, der der Trockenmasse bei der Käseherstellung zugesetzt wurde.

B) Anteil Fett im Käse, wenn dieser total eingetrocknet ist, also kein Wasser mehr enthält.

C) Anteil Fett, der der Milch zum Beginn der Käseherstellung zugesetzt wurde.

Alles Käse!

Frage 36

Käse wird traditionell in Produktlinien eingeteilt und gehandelt, die den Herstellungsprozess des Käses widerspiegeln, aber letztlich aus dem Gehalt des fertigen Käses an Hauptinhaltsstoffen resultieren. Daraus abgeleitet sind dann eben die bekannten Einstufungen von Käse wie Hartkäse, Weichkäse und Frischkäse.
Welche Hauptinhaltsstoffe liegen diesen Einstufungen zugrunde?

A) Gehalt an Eiweiß

B) Gehalt an Fett

C) Gehalt an Milch

D) Gehalt an Wasser

Für die Kraftmeier

Vom Käse gelangen wir – gedanklich wie auch kulinarisch – recht geradlinig zur zweiten „deftigen" Grundnahrungs-mittel-Gruppe, nämlich dem Fleisch.
Was haben Fleisch und Käse als Hauptgemeinsamkeit, wenn Sie an die grundlegenden Nährstoffe denken?

A) Beides ist ein Stück Lebenskraft!

B) Ordentlich viel Fett.

C) Ich bin Veganer/Veganerin!

D) Ordentlich viel Eiweiß.

Wir sind halt Allesfresser

Frage 38

Auch wenn Fleisch ein großes Spektrum an wichtigen Nähr-stoffen liefert, so insbesondere auch eine Reihe von Vita-minen und Spurenelementen, so können Fleisch und Wurst-waren dennoch weitestgehend durch *pflanzliche* Nahrung ersetzt werden. Bei welchen Nährstoffen jedoch ist eine Be-darfsdeckung aus pflanzlichen Quellen problematisch?

A) Cholesterin

B) Magnesium

C) Blut

D) Vitamin B_{12}

E) Vitamin P

F) Eisen

Satte Menschen, ungesättigte Säuren

Frage 39

Tierische Fette (ausgenommen Fisch) haben den Nachteil, dass sie Herz-Kreislauf-Erkrankungen befördern. Man soll daher tierische Fette nur in Maßen und dafür eher pflanzliche Fette, genau gesagt Öle, essen. Genau darum geht es bei den Angaben zu *gesättigten* und *ungesättigten Fettsäuren*: erstere stehen tendenziell eher für Tier/Fett, letztere tendenziell eher für Pflanze/Öl (und auch Fisch tendiert zum Öl). Besonders zu empfehlen ist somit der Verzehr von...?

A) Salzgebäck mit Öl

B) möglichst wenig Fleisch und Wurst

C) viel Gemüse und Salat

D) möglichst viel Nüsse und Oliven

Keime totkochen?

Frage 40

Wurstwaren werden nach Art ihrer Herstellung in Koch-, Brüh- und Rohwurst unterteilt. Genau diese Art der Herstellung hat auch Auswirkung auf die Haltbarkeit der Wurstware. Welche Wurst ist am längsten haltbar?

A) Kochwurst

B) Brühwurst

C) Rohwurst

Perfekter Nährboden

Frage 41

Aus der Kühltheke nehmen Sie eine Box Hackfleisch „Halb und Halb", 750 g. Da machen Sie heute Abend leckere Frikadellen raus. Auf der Packung lesen Sie: „Zu verbrauchen bis", gefolgt von einem Datumsaufdruck.
Welches Datum steht dort?

A) Das vom nächsten Montag.

B) Das heutige.

C) Das von morgen.

D) Das von übermorgen.

Fleischberge wachsen mit dem Bankguthaben

Frage 42

Der Fleischkonsum steigt weltweit betrachtet stetig an. Bei uns stagniert er auf sehr hohem Niveau; in anderen Regionen der Welt besteht großer Nachholbedarf. Erstaunlicherweise scheint der Konsum von Fleisch wirklich an die Entwicklung des – materiellen – Wohlstandes einer Gesellschaft gekoppelt zu sein.
Welche Auswirkungen hat jedoch diese massive Ausweitung des Fleischkonsums bzw. wird sie künftig noch haben?

A) Auch die Bewohner der anderen Länder werden unter den gleichen Ernährungsfehlern zu leiden haben, wie wir heute schon.

B) Bisher für den Menschen genutzte Ackerfläche muss für den Anbau von Viehfutter geopfert werden.

C) Die vielen Rinder stellen eine Belastung für das Klima dar.

D) Die ausufernde industrielle Tierproduktion kollidiert in vielen Punkten mit Forderungen modernen Tierschutzes und wirft überhaupt ethische Fragen auf.

Fisch aus dem Eis

Frage 43

Frischer Fisch wird in der Regel in Eisgranulat eingelegt in der Verkaufstheke dargeboten. „Frisches" Fleisch, also das von Landtieren, hingegen nicht. Was schließen Sie daraus?

A) Die Fische würden ja ansonsten herumzappeln.

B) Damit der Fisch nicht ganz so stark riecht.

C) Frischer Fisch bzw. das Filet daraus sind schlechter haltbar.

D) Der Fisch hat im Eis eine schönere Farbe.

Fischköpfe und andere Menschen

Frage 44

In Deutschland gibt es ein erstaunlich hohes Gefälle im Verbrauch an Fisch von Norden nach Süden. War dies in früheren Zeiten wohl schlicht durch fehlende Kühlmöglichkeiten bzw. genussabträgliche Konservierungsverfahren wie Einsalzen oder Trocknen bedingt, so ist dies heute wohl eher nur noch ein Relikt der seinerzeitigen (erzwungenen) Gewohnheiten.

Fisch, besonders frischer Fisch bzw. direkt nach Fang tiefgefrorener Fisch, ist ein überaus wertvolles Nahrungsmittel. Was zeichnet Fisch aus?

A) Fisch ist eine nahezu unerschöpfliche Nahrungsquelle.

B) Fisch ist leicht verdauliches Fleisch.

C) Fisch aus dem Meer ist eine der wenigen guten Jod-Quellen.

D) Das Fett von Fisch ist reich an essentiellen Fettsäuren.

E) Fisch ist nahezu zuckerfrei.

F) Das Protein aus Fisch ist biologisch hochwertig.

Das Weiße und das Gelbe vom Ei

Frage 45

Bei Fleisch, Fisch und auch bei Käse ist immer die Rede davon, dass diese Lebensmittel durch einen besonders hohen Anteil an *Eiweiß* ausgezeichnet sind. Aber was hat das denn mit dem *Ei* zu tun?

A) Im Ei wurde das Eiweiß – historisch betrachtet – zuerst entdeckt.

B) Das Ei ist der Ursprung allen Lebens!

C) Eiweiß – bzw. besser: Protein – ist ein Grundnährstoff.

Salz schmeckt nicht nur dem Vieh

Frage 46

Nicht nur in Wurstwaren, aber vor allem dort, findet sich besonders viel Kochsalz. Auf den Verpackungen ist leider häufig nicht die Menge an Kochsalz selbst aufgeführt, sondern nur die Menge an Natrium – was allerdings auch der ernährungskritische Bestandteil des Kochsalzes ist.
Wo, außer in Wurstwaren, findet sich noch relativ viel Kochsalz?

A) Gemüse (frisch)

B) Salzgebäck

C) Brot

D) Schokolade

E) Nudeln

F) Pizza

Jod ist gleich Iod

Frage 47

Speisesalz (Kochsalz) wird im Handel auch als „jodiertes" Salz (Jodsalz) angeboten. Und auch in vielen Lebensmittelerzeugnissen findet sich jodiertes Salz. Jod ist ein äußerst wichtiges Spurenelement, das die Schilddrüse zur Produktion bestimmter Hormone unbedingt benötigt.
In welchen Lebensmitteln findet sich natürlicherseits Jod?

A) Kartoffeln

B) Schweineleber

C) Linsen

D) Meeresfisch

E) Reis (unpoliert)

F) Mais

Konservieren mit der „Chemie-Keule"

Frage 48

Salz, also Speisesalz bzw. Kochsalz (gemeint ist immer das gleiche), dient nicht nur dem besseren Geschmack der Nahrung. Besonders in früheren Zeiten wurde Salz auch gerne zur Haltbarmachung von Lebensmitteln verwendet, wie bei dem sprichwörtlichen Salzhering. Heutzutage gibt es ja zum Glück die Kühltechnik, die Abfüllung in Dosen, das keimarme Abpacken und einiges mehr. Aber auch heute noch werden viele Lebensmittel mittels Zusatz bestimmter Substanzen haltbarer gemacht. Solche *Konservierungsstoffe* sind vor allem...?

A) Aspartam

B) Sorbinsäure

C) Essig

D) Benzoesäure

E) Olivenöl

F) Alkohol

36

Konservierungsstoffe finden

Frage 49

Zum Glück müssen also Lebensmittel in vielen Fällen gar nicht mit chemischen Substanzen haltbarer gemacht werden, da eben heutzutage ausgereifte technisch-physikalische Verfahren dafür zur Verfügung stehen. Bei welchen der folgenden Produktgruppen ist aber nach wie vor mit der Verwendung von *Konservierungsstoffen* zu rechnen?

A) Fisch in Dose

B) Gemüse im Glas

C) Honig

D) Fertigsalate

E) abgepackter Kuchen

F) vorgekochte Teigwaren

Wasser brauchen sie alle

Frage 50

Auch ein schlichtes Trocknen kann die Haltbarkeit von Lebensmitteln erheblich verbessern. Denn wie alle Lebewesen, so brauchen auch Bakterien und Schimmelpilze ein gewisses Maß an Feuchtigkeit, sprich Wasser, für ein auskömmliches Gedeihen. Welche drei der folgenden Lebensmittel sind demnach wohl am besten haltbar?

A) Schokolade

B) Knäckebrot

C) Trockenobst

D) Salami

E) Hartkäse

F) Honig

Giftköche

Es kommt immer wieder einmal vor, dass im eigenen Haushalt ein Lebensmittel verdirbt. Klassischer Fall ist das angeschimmelte Brot. Warum sollte man hier nicht nur die verschimmelte Stelle herausschneiden, sondern besser gleich das *ganze* Brot (dieser Packung) wegwerfen?

A) Lebensmittel sind preiswert – Wegwerfen kostet nichts.

B) Schimmel bildet häufig auch (nicht sichtbare) Giftstoffe.

C) Das Herausschneiden verteilt den Schimmel in der Küche.

Wie der Reis auf dem Schachbrett...

Besonders heimtückisch (aus Sicht des Menschen) sind Bakterien. Im Gegensatz zum Schimmel *sieht* man Bakterien nicht; sie selbst sowieso nicht, aber auch ihr zerstörerisches Wirken erst recht spät – wenn das Lebensmittel eben sichtbar „fault". Unter günstigen Bedingungen – Temperaturen wie sie auch uns gefallen, sowie ordentlich Feuchtigkeit – vermehren sich Bakterien geradezu explosionsartig. Ihre Zahl verdoppelt(!) sich dann in einem Zeitraum von etwa...?

A) 12 Stunden

B) 6 Stunden

C) 3 Stunden

D) 1 Stunde

E) 30 Minuten

Kennen Sie den MHD?

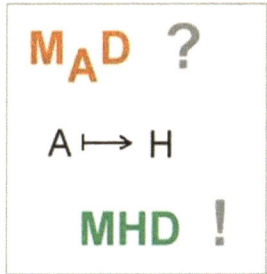

Frage 53

Verpackte Lebensmittel tragen ganz überwiegend das sogenannte MHD, das Mindesthaltbarkeitsdatum.
Was sagt dieses Datum aus?

A) Bis spätestens zu diesem Datum muss es verzehrt sein.

B) Bis zu diesem Datum darf es der Händler verkaufen.

C) Bis zu diesem Datum ist die Qualität der Ware zugesichert.

D) Ab diesem Datum erhalte ich die Ware billiger.

Worte versprechen viel

Frage 54

Während der Gedanken um die Haltbarkeit von Lebensmitteln sind Sie im Supermarkt weitergegangen und
mittlerweile bei den Getränken angelangt. Sie benötigen
unbedingt irgendetwas „Fruchtiges", am besten Richtung

Orange oder Apfel. In welchen Getränken ist mehr Fruchtanteil enthalten?

A) Fruchtsaft

B) Fruchtnektar

C) Limonade

No Name = Low Quality?

Frage 55

Sie nehmen zwei Flaschen Orangensaft, von der Hausmarke des Marktes. Der ist sehr preiswert. Solche Hausmarken, auch *No-Name*-Produkte oder Handelsmarken genannt, werden von jeder Marktkette geführt und finden sich bei einer Reihe von Warengruppen. Was zeichnet solche Produkte aus?

A) Das ist brauchbare Qualität zu einem sehr günstigen Preis.

B) Ich leiste mir das Beste – und nehme nur Herstellermarken.

C) Solche Produkte werben für den Händler statt den Hersteller.

D) Handels- und Herstellermarke sind häufig das gleiche Produkt.

Mineralien sind nicht drin

Frage 56

An Getränken nehmen Sie noch ein „Sixpack" mit – nein, kein Bier, sondern Mineralwasser. Und zwar eines mit viel Kohlensäure, das ist besonders erfrischend. Und ordentlich Mineralstoffe sollte es haben (wenn es schon *Mineralwasser* heißt). Wie viel Mineralstoffe muss so ein Wasser eigentlich mindestens haben?

A) 5000 mg/L

B) 1000 mg/L

C) beliebig

Nicht nur bei Eichhörnchen beliebt

Frage 57

Bei so vielen Getränken steht Ihnen der Sinn nach etwas
Salzigem. Das geht vielen so. Im Supermarkt sind daher die
Regale mit den Getränken häufig in direkter Nachbarschaft
zum Knabbergebäck (oder anders herum). Sie nehmen einen
Beutel Kartoffelchips, Typ natur, d.h. nur gesalzen, sowie
einen großen Beutel Erdnüsse, frische, in Schale geröstet
(und natürlich ungesalzen). Woraus bestehen eigentlich
Erdnüsse, Nüsse überhaupt, überwiegend?

A) Eiweiß

B) Ballaststoffe

C) Fett

Nicht politisch gemeint...

Frage 58

Bei all den verlockenden Knabbereien greifen Sie sich noch
schnell, nur zwei Regale weiter, ein großes Glas Oliven,
grüne, aber mit Stein, das finden Sie angenehmer, vom
Kaugefühl her.
Was unterscheidet grüne von schwarzen Oliven?

A) Die grünen gibt's im Supermarkt, die schwarzen beim Grie-
chen.

B) Die schwarzen sind auch nur grüne, aber schwarz gefärbt.

C) Grüne sind unreif gepflückt worden, schwarze als reife Frucht.

D) Grüne und schwarze Oliven sind zwei verschiedene Pflanzen

Ätherische Öle

Die Wege sind kurz. Wieder nur ein Regal weiter befinden sich die Gewürze. Sie brauchen unbedingt wieder Pfeffer. Bei ihrer letzten Party hat Ihnen ein Gast eine schicke Pfeffermühle als Geschenk mitgebracht. Die werden Sie jetzt einweihen. Also *ganze* Pfefferkörner!
Was sind im Allgemeinen die Vorteile von „ganzen" Gewürzen, gegenüber gemahlenen?

A) Ganze sind billiger, weil leichter herzustellen als gemahlene.

B) Das ist nun wirklich vollkommen egal!

C) Ganze halten sich länger als gemahlene.

D) Gewürze verlieren gemahlen schneller Geschmack und Aroma.

Ist „natürlich" wirklich immer natürlich?

Wie gut, dass Sie mit dem Pfeffer ein wirklich reines Naturprodukt bekommen, um Ihre Speisen zu würzen. Man hört ja die Jahre ständig von diesen Tricksereien der Industrie, dem Verbraucher „Chemie-Aroma" als „natürlich" unterjubeln zu wollen.
Bei welchen der folgenden Angaben auf der Packung eines Erdbeerjoghurts können Sie davon ausgehen, dass im Joghurt tatsächlich „echtes" Erdbeeraroma enthalten ist?

A) mit Erdbeergeschmack

B) mit Aroma

C) Fruchtjoghurt mit natürlichem Aroma

D) mit Erdbeeren, ohne Zusatz von Aroma

E) mit natürlichem Erdbeeraroma

Noch so ein Böses, Böses!

Frage 61

Die chemische Verbindung Glutamat – übrigens ein absolut „natürlicher" Stoff, da ein Baustein der Proteine – dient bei der industriellen und gewerblichen Lebensmittelverarbeitung häufig dazu, den Eigengeschmack der Speisen zu verstärken, besonders wenn diese fleisch- und/oder gemüsebetont sind. Glutamat ist der bekannteste der sogenannten Geschmacksverstärker. Wenn Sie auf Glutamat als Zusatz in Ihrem Essen verzichten wollen, worauf müssen Sie dann ebenfalls achten?

A) Sojasoße

B) Maggi

C) Eigelb

D) Hefeextrakt

E) Aroma

F) Würze

Das Verzeichnis der Zutaten

Frage 62

Bei solchen Überlegungen befindet sich ihr Blick nahezu zwangsläufig auf der Verpackung des Lebensmittels, und zwar genau gesagt auf dem sogenannten Zutatenverzeichnis.

Das befindet sich mit Vorliebe auf der Rückseite der Verpackung, oder auch seitlich irgendwo. Und so gut wie immer ist der Text der Zutatenliste unwahrscheinlich klein gedruckt und/oder farblich schlecht vom Untergrund abgesetzt. Welche anderen Möglichkeiten haben Sie, sich über die Zusammensetzung des Lebensmittels zu informieren?

A) Großmutter fragen

B) Firmen-Hotline

C) Fachbuch

D) Internet-Recherche

E) interessiert mich nicht

Aufgereiht wie die Orgelpfeifen

Frage 63

Das Zutatenverzeichnis enthält nicht unbedingt alle verwendeten Zutaten. Aber im Allgemeinen kann man ihm das Wichtigste entnehmen, vor allem eben den Charakter als typisches Industrieprodukt oder als Erzeugnis eher nach „Hausfrauenart". Alleine der Umfang des Verzeichnisses sagt schon einiges aus. Die *Reihenfolge* der Zutaten im Verzeichnis gibt an,

A) welche Zutaten am wichtigsten für dieses Lebensmittel sind.

B) welche Zutaten am teuersten sind.

C) zu welchen Anteilen die Zutaten im Lebensmittel enthalten sind.

„Ampel"-Essen

Ach, Mensch – muss das denn alles immer so kompliziert sein... Vielleicht sehnen auch Sie sich nach einer simplen aber jedem sofort verständlichen Kenntlichmachung von Lebensmitteln. Sehr im Gespräch ist da seit Jahren die sogenannte „Ampel"-Kennzeichnung. Bei dieser sollen die enthaltenen Mengen an wichtigen Inhaltsstoffen – wie Fett, Zucker und Salz – schlicht mit der Farbe Rot, Gelb oder Grün, für „zu viel", „halbwegs OK" oder „sehr gut" bewertet werden.

Welche Lebensmittel (und wofür) würden dann wohl ein klares *Rot* erhalten?

A) Schokolade (Zucker, Fett)

B) Schlagsahne (Fett)

C) Salami (Fett, Salz)

D) Bratwurst (Salz)

E) Emmentaler (Fett)

F) Honig (Zucker)

Der Schein lockt...

Verpackte Lebensmittel werden naheliegenderweise dann gerne gekauft, wenn ihre Verpackung besonders ansprechend gestaltet ist. Und selbstverständlich müssen bestimmte Erwartungen des Verbrauchers an die jeweilige Art des Lebensmittels erfüllt werden. Bei welcher Darstellung bzw. Aussage auf der Verpackung fühlen Sie sich im Hinblick auf die tatsächliche Beschaffenheit des Lebensmittels (Herkunft, Herstellung etc.) am *wenigsten* getäuscht?

A) Bild einer Bäuerin beim „Butterrühren" auf einer Packung herkömmlich (d.h. industriell) hergestellter Butter

B) Bezeichnung als „Hühnersuppe" auf einer Tüte Trockensuppe, auch wenn im Zutatenverzeichnis kein Hühnerfleisch auftaucht

C) Bezeichnung als „Kalbsleberwurst", obwohl ohne Kalbsleber

D) Bild von Früchten auf einem Tee ohne enthaltene Früchte

Kaufentscheidung

Frage 66

Mittlerweile haben Sie endlich den Weg zur Kasse geschafft. Wie so häufig, ist nur ein Teil der Kassen besetzt, und vor den offenen reihen sich die Kunden in langen Schlangen. Na, das kann ja heute wieder dauern... – Sie schauen in die gestressten Gesichter der anderen, und nutzen die Wartezeit zu geradezu philosophischen Überlegungen: Wonach wählen wohl die meisten Verbraucher Ihre Lebensmittel aus? Was sind die Haupttriebfedern, die letztlich den Ausschlag zum Kauf eines bestimmten Produktes geben?
Ernährungspsychologische Erhebungen haben es herausgefunden!
Was glauben Sie, ist von der folgenden Auswahl für die meisten Verbraucher am wenigsten(!) wichtig?

A) Gewohnheit

B) Bequemlichkeit

C) Preis

D) Gesundheitsaspekte

E) Präsentation

F) Genuss

Kundenbindung

Frage 67

Endlich sind Sie dran an der Kasse. Wie immer, so werden Sie (wie alle anderen auch) beim Bezahlenwollen genervt mit einem ganzen Paket an Fragen: nach Payback-Karte, nach Bonuspunkten („Kleberlis"), oder ob man gerne die aktuelle Gratisgabe hätte...
Was bezwecken die Händler gerade mit der Payback-Karte?

A) Sie lassen mir so einen deutlichen Preisvorteil zukommen.

B) Sie erhalten damit ein Profil meiner Einkaufsgewohnheiten.

C) Sie können mir damit Produktinfos zukommen lassen.

D) Als Karteninhaber werde ich bevorzugt behandelt.

Personalmangel

Frage 68

Das haben Sie nun endlich auch hinter sich gebracht. Vor dem Ausgang findet sich eine Bäckerei/Konditorei. Die Sachen sehen wirklich lecker aus. Und es duftet. Mhm...
Zwei, drei von den *Süßen Stückle* (wie man in Schwaben sagt) würden Sie schon gerne mitnehmen, überlegen Sie spontan. Schon stehen Sie (auch hier) in der Schlange. Sie beobachten das geschäftige Treiben an der Theke. Bedienen tut gerade nur *eine* Person (deswegen geht's auch nicht vo-

ran). Die Dame (ja, schon wieder eine Frau) springt sehr gefordert immer zwischen Brot-/Kuchenauslage und Kasse hin und her. – Da, da, was macht sie denn: sie langt mit den bloßen Fingern in bzw. an die Schnecken (*Süße Stückle*, siehe oben). Und jetzt, jetzt nimmt sie einen Berg Kleingeld vom Kunden entgegen... – Und so geht's gleich zum nächsten Kunden, und zum Übernächsten. Und gleich wären Sie an der Reihe. Was machen Sie?

A) Geduldig warte ich noch und gebe dann meine Bestellung auf.

B) Ich bin entsetzt über das Verhalten. Hier kaufe ich heute nichts.

C) Ich bitte die Leute, hier gefälligst mit Kreditkarte zu bezahlen.

D) Ich bitte die Verkäuferin, eine Zange zum Entnehmen der Ware zu benutzen, wenn sie schon auch selbst kassiert.

Spürnasen

Frage 69

Das sind ja mal wieder Zustände, denken Sie sich verwundert auf dem Weg nach Hause. Sind die – das Personal – etwa so schlecht geschult, oder einfach nur schlampig?! Na, man hört ja auch immer wieder, dass zum Beispiel auch in der Gastronomie nicht unbedingt überall auf Sauberkeit und Hygiene geachtet wird. Ja, ja, die müssen halt auch aufs Geld gucken...
Wer, also was für Berufsgruppen, überwachen eigentlich die Supermärkte, Läden, Imbisse, Restaurants, Kneipen etc., wenn es um Lebensmittel geht?

A) Kriminalpolizei

B) Sicherheitsfirmen

C) Ärzte

D) Lebensmittelkontrolleure

E) Lebensmittelchemiker

48

Rede und Gegenrede

Wenn Sie so drüber nachdenken, wo und von wem man – wenn überhaupt – Informationen über die Qualität von Lebensmitteln erhält, fällt Ihnen vermutlich gar nicht so viel ein. Weglassen müssen Sie natürlich das „Gesülze" der Lebensmittelindustrie, mit ihren nervigen Marketingaktionen. Die wollen ihr Zeugs halt verkaufen. Also besser nicht alles glauben! – Dann gibt's da natürlich die Politik. Klar, von Politikern hört man häufig wohlklingende Äußerungen zum Verbraucherschutz. Aber das ist ja meist ein Blick in die Zukunft, eben Handlungsabsicht nur. Und Äußerungen von Ministerien oder Behörden? Verlautbarungen, Stellungnahmen? Wohl besser nicht...

Was denken Sie, wo erhalten Sie die glaubwürdigsten und am ehesten verlässlichen Informationen, gerade im Hinblick auf einen wirkungsvollen Verbraucherschutz?

A) Koch-Shows im TV

B) Apothekenrundschau

C) Verbraucherzentralen

D) Volkshochschulen

E) IHK

F) Foodwatch

G) Krankenhaus

Gut temperiert

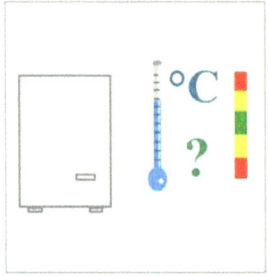

Frage 71

So, nun sind Sie endlich zu Hause angekommen. Ohne sich lange von Anderem (bzw. auch Anderen) aufhalten zu lassen, packen Sie als Erstes einmal den Einkauf aus und vor allem das, was gekühlt werden muss, sofort in den Kühlschrank. Das ist wichtig, besonders zur warmen Jahreszeit, und umso mehr, je länger Sie vom Einkauf nach Hause unterwegs waren. Bei zu langer bzw. zu drastischer Unterbrechung der Kühlkette könnten Sie nämlich ansonsten das MHD dieser Lebensmittel vergessen (so was passiert übrigens den Profis auch hin und wieder).
Wie hoch sollte eigentlich die Temperatur in einem Kühlschrank sein, also im Kühlbereich (nicht im Eisfach)?

A) 2-4 °C

B) 5-7 °C

C) 8-10 °C

Auf ewig frisch im Eis

Frage 72

Gekühlt bleiben insbesondere „frische" Lebensmittel sprichwörtlich länger frisch. Aber nicht alles sollte oder darf gekühlt werden. Prinzipiell fährt man am besten, wenn man das kühlt, was auch vom Händler gekühlt wurde (oder man weiß es wirklich besser als dieser). Abgesehen davon, dass viele frische Lebensmittel, insbesondere Obst und Gemüse, in mehr oder weniger kurzen Tagen Aroma und Geschmack verlieren, und irgendwann auch optisch unansehnlicher werden, verlieren sie auch deutlich an wertvollen Inhaltsstoffen. Insbesondere gilt dies für den Gehalt an Vitaminen.

Welche Aussage entspricht wohl am ehesten der Wahrheit?

A) Nur frisches Obst und Gemüse hat den vollen Nährstoffgehalt.

B) In Glas oder Dose eingemachtes Obst und Gemüse hat kaum noch Vitamine.

C) Selbst-Eingemachtes hat mehr Nährstoffe als Industrieware.

D) Tiefgekühltes Obst und Gemüse ist häufig besser als manche Frischware.

Unterstützung für die Grauen Zellen

Frage 73

Ja, verflucht! Sie ärgern sich! – Was Sie heute schon wieder alles vergessen haben einzukaufen. Jetzt, wo Sie (wieder) in der Küche stehen, fällt Ihnen genau ein, was da noch alles fehlt...

Was könnten Sie machen, dass Ihnen so etwas nicht passiert?

A) Ich gehe (bzw. fahre) schlicht häufiger zum Einkaufen.

B) Ich nehme jemanden mit zum Einkaufen.

C) Ich kaufe mir einen „intelligenten" Kühlschrank...

D) Ich notiere mir alles Benötigte regelmäßig auf einer Liste.

Mogelpackung

Frage 74

Abends sitzen Sie dann am TV und schauen Fußball. Ihr Team ist am Gewinnen. Da schmecken Bier und Chips noch mal besser! – Allerdings, bei den Kartoffelchips, da haben Sie sich schon ein bisschen aufgeregt: *so* eine riesige Tüte, und dann doch nur *so* wenig drin. Blöd. Solche Verpackungen versperren doch nur Platz im Einkaufsbeutel, und man transportiert „nur Luft"!

Welche Aussagen könnten Sie besänftigen?

A) Ich hole mir noch ein Bier!

B) Mit der Mogelpackung gehe ich morgen zur Polizei...

C) Entscheidend ist das Gewicht des Inhalts, und das steht drauf.

D) Kleinere Verpackungen kämen den Hersteller preiswerter.

E) Manche Inhalte benötigen den „Raum", z. B. für Schutzgas.

Wenn das Essen auf den Magen schlägt...

Frage 75

In der Nacht wird Ihnen schlecht. Es ist nicht schlimm, Sie müssen sich weder übergeben noch haben Sie Durchfall. Aber das Gedärms ist ganz schön am Grummeln. Auch am Morgen ist es noch nicht vorbei. Sie trinken bloß ein Glas Wasser, und verzichten aufs Frühstück (käme wohl eh nur wieder hoch). Erst gegen Mittag fühlen Sie sich wieder halbwegs OK. – Was war da passiert? Irgendetwas gestern Abend war wohl schlecht? Gammelig, verdorben, gar vergiftet? Oder war es doch nur der Ärger, der Ihnen mal wieder „auf den Magen schlug"?

Wie könnten Sie eine Lösung auf solche Fragen finden?

A) Ich esse noch mal das Gleiche – und schaue was passiert...

B) Was ich gestern Abend aß, esse ich nie wieder!

C) Die nächsten Male lasse ich immer genau 1 Lebensmittel von gestern Abend weg, und beobachte ob dies das „Schuldige" war.

D) Ich bringe alle Lebensmittel von gestern Abend zu meinem Hausarzt. Der soll das Zeugs dann mal untersuchen...

Beschwerdeprobe

Frage 76

Wenn Sie konkret ein bestimmtes Lebensmittel im Verdacht haben, dass es Ihnen genau von diesem schlecht wurde – an wen können Sie sich wenden, um der Sache auf den Grund zu gehen?

A) Ich frage meinen Arzt oder Apotheker.

B) Ich bringe das Lebensmittel zum TÜV – die testen das dann.

C) Ich schicke das Lebensmittel dem Hersteller, mit nettem Brief.

D) Ich erkundige mich beim Rathaus nach der zuständigen Stelle.

Wie es uns gefällt!!!

Frage 77

So, Sie haben es (fast) geschafft. Zum Abschluss noch eine – vielleicht etwas persönliche – Frage:
In eigentlich jedem Prospekt, mit dem der Handel für sein jeweiliges Angebot an Lebensmitteln wirbt (quillt auch Ihr Briefkasten über davon?), sticht eine einzige bestimmte Werbebotschaft ganz klar hervor, die zudem für alle angebotenen Artikel gleichermaßen gilt. – Ja, genau, Sie kommen auch direkt drauf: Es ist der (günstige) Preis!
Aber warum nur werben die alle und ständig fast ausschließlich über den Preis?

A) Händler sind Kaufleute – bei denen geht's halt um den Preis.

B) Ich als Kunde möchte rasch informiert sein. Da liegt der Fokus halt auf dem Preis. Und lange Texte lesen will ich nicht...

C) Die Lebensmittel sind doch qualitativ eh alle gleich (gut), da macht also letztlich der Preis den entscheidenden Unterschied.

D) Hersteller und Händler wollen, dass es mir schmeckt. Satt machen ist ja heute kein Thema mehr. Genuss und Freude sind mir sehr wichtig. Und ein günstiger Preis freut mich natürlich!

Lösungen

Hier nun endlich die richtigen Antworten zu allen Fragen. Beachten Sie bitte, dass die Anzahl richtiger Antworten von Frage zu Frage unterschiedlich hoch sein kann. Gegebenenfalls haben Sie also bei manchen Fragen teils richtige, teils aber gleichzeitig auch falsche Antworten gewählt.

Um die Auswertung des Ergebnisses nicht unnütz zu verkomplizieren, schlage ich vor, Fragen nur dann als richtig beantwortet zu werten, wenn Ihr Antwortschema zur Frage genau mit dem hier angegebenen übereinstimmt.

Es soll ja alles sowieso nur ein Spiel sein und vor allem Ihrer Unterhaltung dienen!

```
Frage 01: A, B, C

Frage 02: C

Frage 03: B

Frage 04: B

Frage 05: C, D

Frage 06: D

Frage 07: C, D, E

Frage 08: C

Frage 09: B, E, F

Frage 10: D

Frage 11: D

Frage 12: C

Frage 13: C

Frage 14: E

Frage 15: B, C, D

Frage 16: B

Frage 17: D

Frage 18: D, E, F
```

Frage 19: F

Frage 20: C

Frage 21: C

Frage 22: A

Frage 23: C

Frage 24: B

Frage 25: C

Frage 26: B

Frage 27: B

Frage 28: D, E

Frage 29: B

Frage 30: A, B, D

Frage 31: B

Frage 32: D

Frage 33: B, C, D

Frage 34: A, C, D

Frage 35: B

Frage 36: B, D

Frage 37: D

Frage 38: D, F

Frage 39: B

Frage 40: C

Frage 41: B

Frage 42: A, B, C, D

Frage 43: C

Frage 44: B, C, D, F

Frage 45: C

Frage 46: B, C, F

Frage 47: D

Frage 48: B, D

Frage 49: D, E

Frage 50: A, B, F

Frage 51: B

Frage 52: E

Frage 53: C

Frage 54: A

Frage 55: C, D

Frage 56: C

Frage 57: C

Frage 58: C

Frage 59: C, D

Frage 60: D, E

Frage 61: A, B, D, F

Frage 62: B, C, D

Frage 63: C

Frage 64: A, B, C, D, E, F

Frage 65: A

Frage 66: D

Frage 67: B, C

Frage 68: D

Frage 69: D, E

Frage 70: C, D, F

Frage 71: B

Frage 72: D

Frage 73: D

Frage 74: C, E

Frage 75: C

Frage 76: D

Frage 77: B, D

Themen-Wegweiser A

Im Folgenden finden Sie zu jeder Frage den zentralen Begriff, um den sich der Kern der Frage dreht. Sie werden allerdings selbst feststellen, dass viele der Fragen durchaus auch mit mehreren Begriffen zusammenhängen; Überschneidungen sind möglich und häufig unvermeidbar.

```
Frage 01: Hygiene

Frage 02: Psychologie

Frage 03: Hygiene

Frage 04: Gesunde Ernährung

Frage 05: Bio/Öko

Frage 06: Bio/Öko

Frage 07: Bio/Öko

Frage 08: Gesunde Ernährung

Frage 09: Gesunde Ernährung

Frage 10: Energie

Frage 11: Energie

Frage 12: Energie

Frage 13: Zucker

Frage 14: Zucker

Frage 15: Zucker

Frage 16: Energie

Frage 17: Nachhaltigkeit

Frage 18: Nachhaltigkeit

Frage 19: Gesunde Ernährung

Frage 20: Gesunde Ernährung

Frage 21: Qualitätsbewusstsein

Frage 22: Gesunde Ernährung

Frage 23: Preisbewusstsein
```

Frage 54: Warenkunde

Frage 55: Qualitätsbewusstsein

Frage 56: Mineralstoffe

Frage 57: Fett

Frage 58: Warenkunde

Frage 59: Warenkunde

Frage 60: Aroma/Geschmack

Frage 61: Aroma/Geschmack

Frage 62: Zutatenverzeichnis

Frage 63: Zutatenverzeichnis

Frage 64: Kennzeichnung

Frage 65: Psychologie

Frage 66: Psychologie

Frage 67: Psychologie

Frage 68: Hygiene

Frage 69: Lebensmittelüberwachung

Frage 70: Verbraucherschutz

Frage 71: Haltbarkeit

Frage 72: Qualitätsbewusstsein

Frage 73: Psychologie

Frage 74: Verbraucherschutz

Frage 75: Verbraucherschutz

Frage 76: Lebensmittelüberwachung

Frage 77: Psychologie

Themen-Wegweiser B

Der Wegweiser hier noch vom Begriff her mit Verweis auf die Fragen, wo dieser Begriff von zentraler Bedeutung ist.

Aroma/Geschmack: 60, 61

Bio/Öko: 5, 6, 7

Energie: 10, 11, 12, 16

Fett: 31, 33, 35, 39, 57

Gesunde Ernährung: 4, 8, 9, 19, 20, 22, 29, 44, 47

Haltbarkeit: 24, 41, 43, 50, 53, 71

Hygiene: 1, 3, 51, 52, 68

Kennzeichnung: 28, 64

Koch&Back Know-how: 26, 27

Konservierungsstoffe: 48, 49

Lebensmittelüberwachung: 69, 76

Mineralstoffe: 32, 56

Nachhaltigkeit: 17, 18, 25, 42

Preisbewusstsein: 23

Protein: 37, 45

Psychologie: 2, 65, 66, 67, 73, 77

Qualitätsbewusstsein: 21, 55, 72

Salz: 46

Unverträglichkeiten: 34

Vegane Ernährung: 38

Verbraucherschutz: 70, 74, 75

Warenkunde: 36, 40, 54, 58, 59

Zucker: 13, 14, 15, 30

Zutatenverzeichnis: 62, 63

Ihre Antworten

Frage 01: ____ ____ ____ ____ ____ ____ ____

Frage 02: ____ ____ ____ ____ ____ ____ ____

Frage 03: ____ ____ ____ ____ ____ ____ ____

Frage 04: ____ ____ ____ ____ ____ ____ ____

Frage 05: ____ ____ ____ ____ ____ ____ ____

Frage 06: ____ ____ ____ ____ ____ ____ ____

Frage 07: ____ ____ ____ ____ ____ ____ ____

Frage 08: ____ ____ ____ ____ ____ ____ ____

Frage 09: ____ ____ ____ ____ ____ ____ ____

Frage 10: ____ ____ ____ ____ ____ ____ ____

Frage 11: ____ ____ ____ ____ ____ ____ ____

Frage 12: ____ ____ ____ ____ ____ ____ ____

Frage 13: ____ ____ ____ ____ ____ ____ ____

Frage 14: ____ ____ ____ ____ ____ ____ ____

Frage 15: ____ ____ ____ ____ ____ ____ ____

Frage 16: ____ ____ ____ ____ ____ ____ ____

Frage 17: ____ ____ ____ ____ ____ ____ ____

Frage 18: ____ ____ ____ ____ ____ ____ ____

Frage 19: ____ ____ ____ ____ ____ ____ ____

Frage 20: ____ ____ ____ ____ ____ ____ ____

Frage 21: ____ ____ ____ ____ ____ ____ ____

Frage 22: ____ ____ ____ ____ ____ ____ ____

Frage 23: ____ ____ ____ ____ ____ ____ ____

Frage 24: ____ ____ ____ ____ ____ ____ ____

Frage 25: ____ ____ ____ ____ ____ ____ ____

Frage 26: ____ ____ ____ ____ ____ ____ ____

Frage 27: ____ ____ ____ ____ ____ ____ ____

Frage 28: ____ ____ ____ ____ ____ ____ ____

Frage 29: ____ ____ ____ ____ ____ ____ ____

Frage 30: ____ ____ ____ ____ ____ ____ ____

Frage 31: ____ ____ ____ ____ ____ ____ ____

Frage 32: ____ ____ ____ ____ ____ ____ ____

Frage 33: ____ ____ ____ ____ ____ ____ ____

Frage 34: ____ ____ ____ ____ ____ ____ ____

Frage 35: ____ ____ ____ ____ ____ ____ ____

Frage 36: ____ ____ ____ ____ ____ ____ ____

Frage 37: ____ ____ ____ ____ ____ ____ ____

Frage 38: ____ ____ ____ ____ ____ ____ ____

Frage 39: ____ ____ ____ ____ ____ ____ ____

Frage 40: ____ ____ ____ ____ ____ ____ ____

Frage 41: ____ ____ ____ ____ ____ ____ ____

Frage 42: ____ ____ ____ ____ ____ ____ ____

Frage 43: ____ ____ ____ ____ ____ ____ ____

Frage 44: ____ ____ ____ ____ ____ ____ ____

Frage 45: ____ ____ ____ ____ ____ ____ ____

Frage 46: ____ ____ ____ ____ ____ ____ ____

Frage 47: ____ ____ ____ ____ ____ ____ ____

Frage 48: ____ ____ ____ ____ ____ ____ ____

Frage 49: ____ ____ ____ ____ ____ ____ ____

Frage 50: ____ ____ ____ ____ ____ ____ ____

Frage 51: ____ ____ ____ ____ ____ ____ ____

Frage 52: ____ ____ ____ ____ ____ ____ ____

Frage 53: ____ ____ ____ ____ ____ ____ ____

Frage 54: ____ ____ ____ ____ ____ ____ ____

Frage 55: ____ ____ ____ ____ ____ ____ ____

Frage 56: ____ ____ ____ ____ ____ ____ ____

Frage 57: ____ ____ ____ ____ ____ ____ ____

Frage 58: ＿＿＿ ＿＿＿ ＿＿＿ ＿＿＿ ＿＿＿ ＿＿＿ ＿＿＿

Frage 59: ＿＿＿ ＿＿＿ ＿＿＿ ＿＿＿ ＿＿＿ ＿＿＿ ＿＿＿

Frage 60: ＿＿＿ ＿＿＿ ＿＿＿ ＿＿＿ ＿＿＿ ＿＿＿ ＿＿＿

Frage 61: ＿＿＿ ＿＿＿ ＿＿＿ ＿＿＿ ＿＿＿ ＿＿＿ ＿＿＿

Frage 62: ＿＿＿ ＿＿＿ ＿＿＿ ＿＿＿ ＿＿＿ ＿＿＿ ＿＿＿

Frage 63: ＿＿＿ ＿＿＿ ＿＿＿ ＿＿＿ ＿＿＿ ＿＿＿ ＿＿＿

Frage 64: ＿＿＿ ＿＿＿ ＿＿＿ ＿＿＿ ＿＿＿ ＿＿＿ ＿＿＿

Frage 65: ＿＿＿ ＿＿＿ ＿＿＿ ＿＿＿ ＿＿＿ ＿＿＿ ＿＿＿

Frage 66: ＿＿＿ ＿＿＿ ＿＿＿ ＿＿＿ ＿＿＿ ＿＿＿ ＿＿＿

Frage 67: ＿＿＿ ＿＿＿ ＿＿＿ ＿＿＿ ＿＿＿ ＿＿＿ ＿＿＿

Frage 68: ＿＿＿ ＿＿＿ ＿＿＿ ＿＿＿ ＿＿＿ ＿＿＿ ＿＿＿

Frage 69: ＿＿＿ ＿＿＿ ＿＿＿ ＿＿＿ ＿＿＿ ＿＿＿ ＿＿＿

Frage 70: ＿＿＿ ＿＿＿ ＿＿＿ ＿＿＿ ＿＿＿ ＿＿＿ ＿＿＿

Frage 71: ＿＿＿ ＿＿＿ ＿＿＿ ＿＿＿ ＿＿＿ ＿＿＿ ＿＿＿

Frage 72: ＿＿＿ ＿＿＿ ＿＿＿ ＿＿＿ ＿＿＿ ＿＿＿ ＿＿＿

Frage 73: ＿＿＿ ＿＿＿ ＿＿＿ ＿＿＿ ＿＿＿ ＿＿＿ ＿＿＿

Frage 74: ＿＿＿ ＿＿＿ ＿＿＿ ＿＿＿ ＿＿＿ ＿＿＿ ＿＿＿

Frage 75: ＿＿＿ ＿＿＿ ＿＿＿ ＿＿＿ ＿＿＿ ＿＿＿ ＿＿＿

Frage 76: ＿＿＿ ＿＿＿ ＿＿＿ ＿＿＿ ＿＿＿ ＿＿＿ ＿＿＿

Frage 77: ＿＿＿ ＿＿＿ ＿＿＿ ＿＿＿ ＿＿＿ ＿＿＿ ＿＿＿